ねだんのつかない子《こ》犬《いぬ》
きららのいのち

今西乃子［著］
浜田一男［写真］

岩崎書店

きららは
捨《す》てられた
子犬《こいぬ》でした。

でも、いまは
げんきいっぱい。

ミックスって
なに？

ねだんのつかない子《こ》犬《いぬ》
きららのいのち

もくじ

鼻黒《はなぐろ》の子犬《こいぬ》・きらら

木枯《こが》らしがふく、さむい冬《ふゆ》の朝《あさ》のことでした。

鼻黒《はなぐろ》の子犬《こいぬ》、きららはあたたかなふとんの中《なか》で目《め》がさめました。

「きらら、おはよう！」

きららはびっくりして飛《と》びあがりました。

ねぼけていたきららは、コテンと、おふとんの中《なか》でたおれてしまいました。

でも、おふとんはやわらかくて、雲《くも》の上《うえ》のようにふわふわふわ。

ぜんぜんいたくありません。

飼《か》い主《ぬし》の母《かあ》ちゃんは、おふとんにうもれたきららを抱《だ》き上《あ》げると、きららの黒《くろ》い鼻《はな》に、チュッとキスをしました。ここは、おひさまの光《ひかり》がたくさん入《はい》るあたたかなおうちです。

やっと目《め》がさめました――。

目《め》がさめると、思《おも》い出《だ》しました――。

子犬《こいぬ》のきららは、生《う》まれてすぐ、きららを生《う》んだおかあさん犬《いぬ》と、きょうだい犬《いぬ》のマルといっしょに、飼《か》い主《ぬし》さんに捨《す》てられてしまいました。

捨《す》て犬《いぬ》になったきららは、大《おお》きな農家《のうか》ののき先《さき》で、かくれていましたが、つかまって、くらい部屋《へや》に入《い》れられてしまったのです。

くらい部屋《へや》に入《い》れられた犬《いぬ》たちは、あたらしい飼《か》い主《ぬし》さんが見《み》つからなければ、みな、ころされてしまいます。

そこに、ひとりの人間《にんげん》がやってきて、きららをくらい部屋《へや》からだしてくれたのです。それが「母《かあ》ちゃん」。今《いま》の飼《か》い主《ぬし》さんでした。

思《おも》い出《だ》しているうちに、ボーッとしていたあたまが、はっきりしてきました。

きららは、母《かあ》ちゃんのかおをペロンとなめて、おかえしのキスをしてシッポをクルン、クルンとふりました。

母《かあ》ちゃんはおおよろこびして、きららの黒《くろ》い鼻《はな》にほおずりをしました。

「母《かあ》ちゃん……くすぐったいよ！　やめて！」

きららは、いままで人間《にんげん》はこわい生《い》きものだとおもっていました。

だって、人間《にんげん》に、捨《す》てられて、つかまえられて、そして、ころされそうになったんだから……。

でも、いまの飼《か》い主《ぬし》の母《かあ》ちゃんはちがいます。

きららをまるで、こどものように大切《たいせつ》にかわいがってくれるのです。

きららは、ようやくのびをすると、ベッドからでて、トイレシートでおしっことウンチをしました。ウンチがおわると母《かあ》ちゃんがあたまをたくさんなでて、ほめてくれました。

「きらら、きょうはおでかけするよ」

えっ、おでかけするの？

「どこにいくの？」

「おいしゃさん！」

「おいしゃさんてなあに？」

「おいしゃさんは、病気《びょうき》になった時《とき》にいくところだよ」

この家《いえ》に来《き》てから、おいしいごはんをたくさん食《た》べています。

毎日《まいにち》、コロンとしたちゃいろい、いいウンチもでています。

おなかも、どこもいたくないし、きららは元気《げんき》いっぱい。

「母《かあ》ちゃん……わたし、どこも悪《わる》くないよ。どうしておいしゃさんに行《い》くの」

「おいしゃさんはね、病気《びょうき》になったときだけじゃなくて、病気《びょうき》にならないよう、よぼうちゅうしゃをしてもらうところでもあるんだよ」

何《なに》もわからないきららは、不安《ふあん》になりましたが、人間《にんげん》の飼《か》い主《ぬし》さんとくらしていくためには、言《い》うことを聞《き》かなくてはなりません。

きららはシュンとして、「人間《にんげん》とくらすって、たのしいことも多《おお》いけど、がまんもいっぱいあるんだなあ」とおもいました。

はじめてのどうぶつびょういん

18

どうぶつびょういんでは、おおくの犬《いぬ》たちが飼《か》い主《ぬし》さんにつれられて、待《ま》ち合《あ》いしつで待っていました。

母《かあ》ちゃんは、きららを抱《だ》いて、びょういんの受《う》け付《つ》けで「はじめてのしんさつです」と言《い》いました。

じゅういさんが「はじめてですね」というと、きららのことを、いくつか質問《しつもん》しました。

「生《う》まれた日《ひ》はいつですか」受《う》け付《つ》けでおいしゃさんが母《かあ》ちゃんに聞《き》きました。

「捨《す》てられていたのでわかりません」

「しばいぬですか？」

「さあ。きららを生《う》んだおかあさん犬《いぬ》は、しばいぬみたいですが、捨《す》てられていたので、わかりません。ミックス犬《けん》ですね」

母《かあ》ちゃんがくびをかしげながら質問《しつもん》にこたえました。

「ぱっとみたかんじ、しばいぬ？　みたいな、子犬《こいぬ》ですね……」

じゅういさんはそういいながら「ミックス」とカルテに書《か》きました。

「母《かあ》ちゃん、ミックスって何《なに》？」

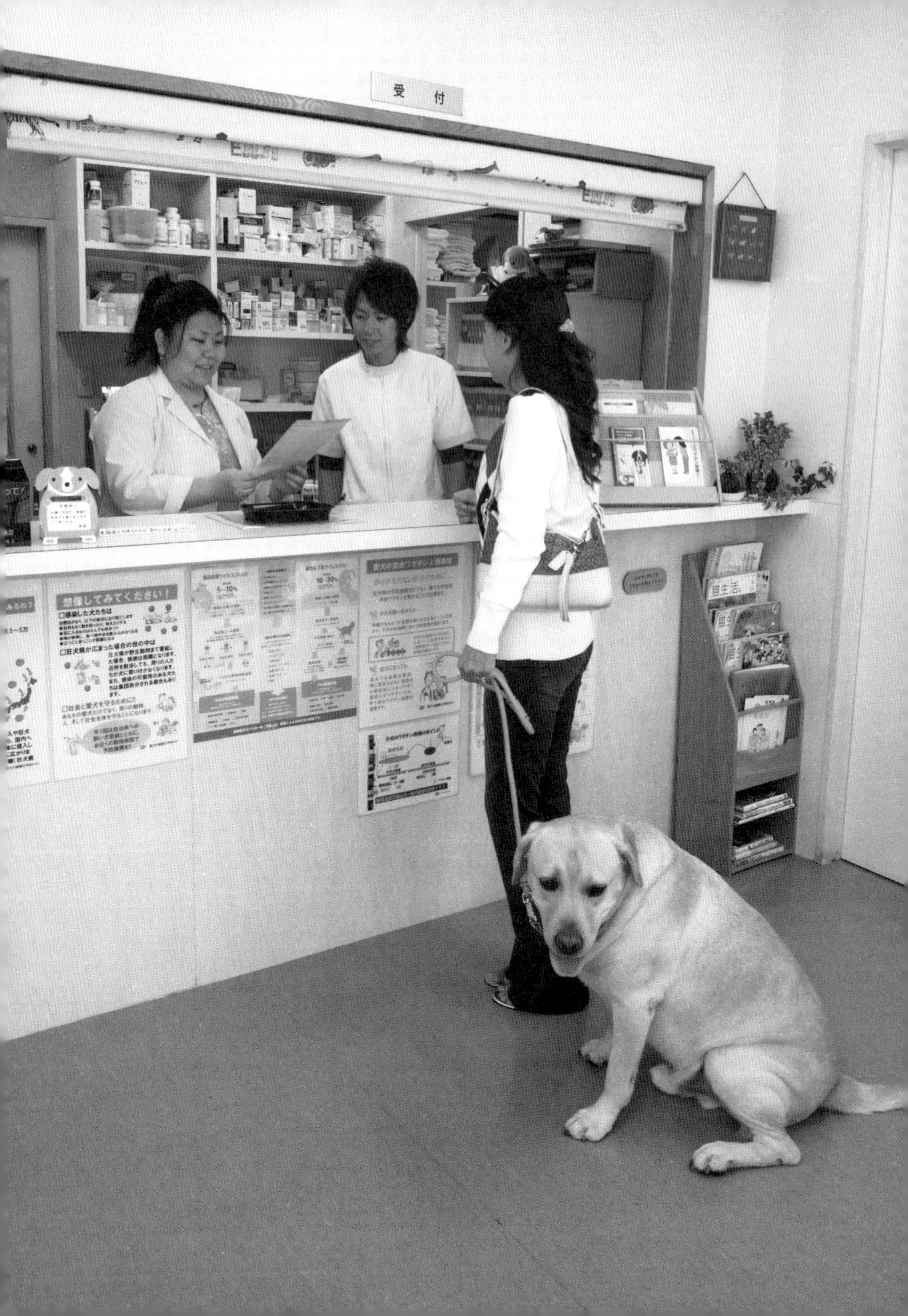
受付
想像してみてください!
猫生活

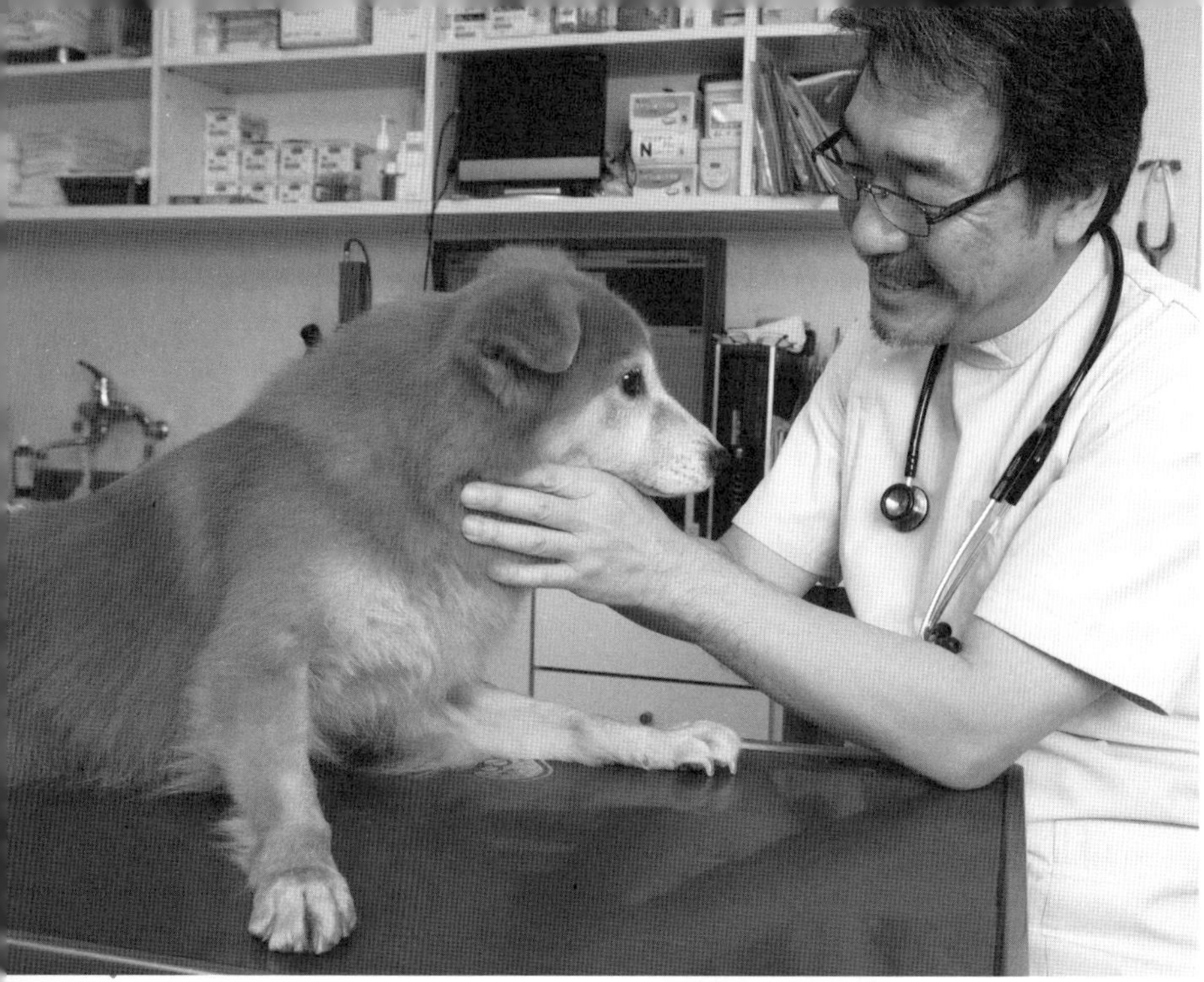

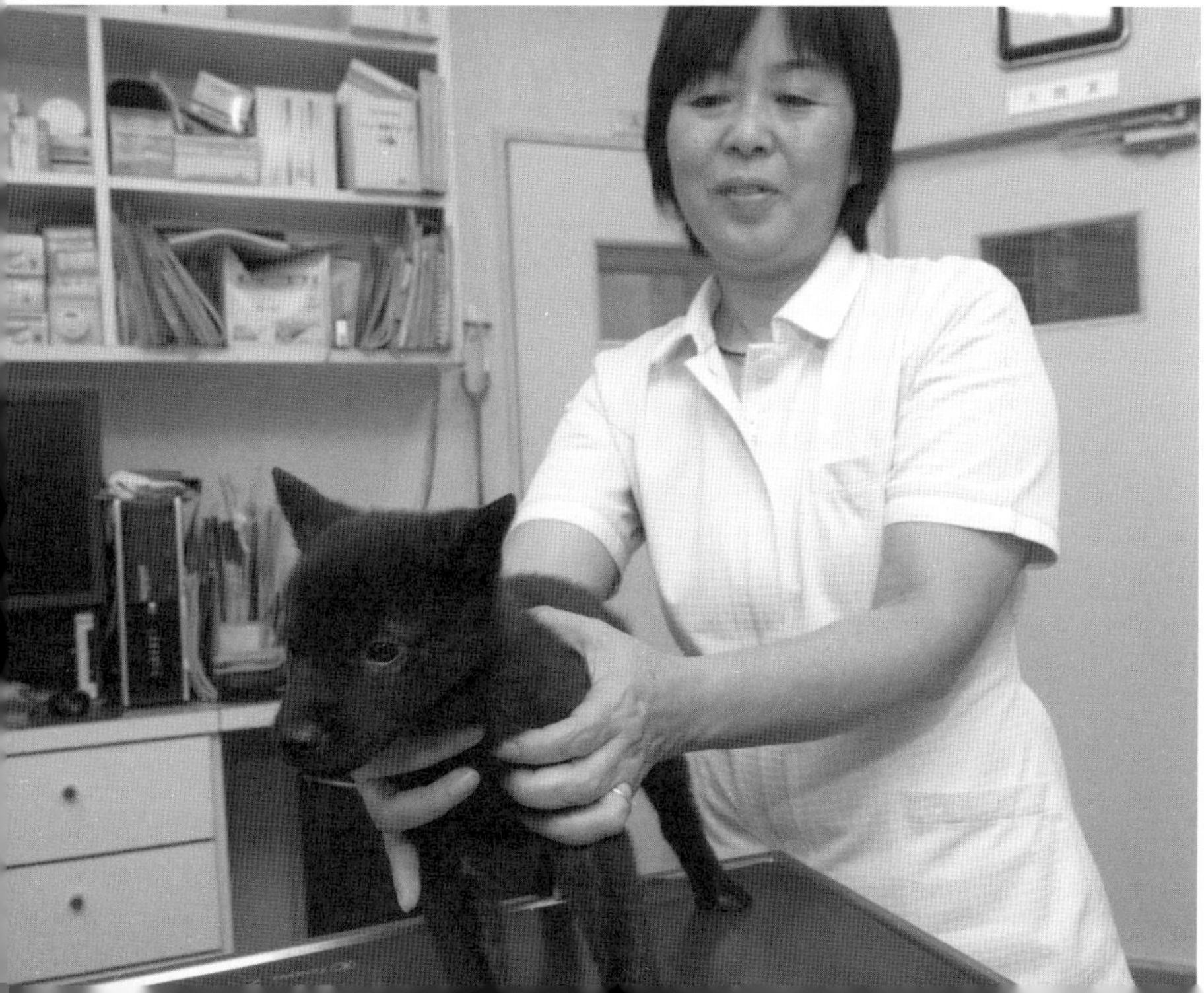

きららは黒《くろ》い鼻《はな》を母《かあ》ちゃんに向《む》けて、聞《き》きました。

「ミックスっていうのはね、いろんな犬《いぬ》の種《しゅ》類《るい》がまじっていて、何《なん》の種《しゅ》類《るい》なのかわからないってことだよ」

「きららは捨《す》てられちゃった犬《いぬ》だから、何《なん》の種《しゅ》類《るい》の犬《いぬ》かわからないし……。まあ、ミックス犬《けん》ってことかなあ……けっとうしょもないし」

「けっとうしょってなあに？」

「けっとうしょっていうのは、その犬《いぬ》のおたんじょうびと、生《う》まれた場《ば》所《しょ》、そのおとうさん、おかあさんがどんな種《しゅ》類《るい》の犬《いぬ》で、いつどこで生《う》まれて、おじいさん、おばあさんがどんな種《しゅ》類《るい》で、いつどこで生《う》まれて、そのまた先《さき》までわかっていて……、その犬《いぬ》がドッグシ

けっとうしょってなあに？

ヨーでチャンピオンだっただとか、家族《かぞく》のこととかが、ずーっと書《か》いてあるしょうめいしょなんだよ」

「じゃあ、そのけっとうしょってのがないと、犬《いぬ》の種類《しゅるい》もわからないの？」

「見《み》ればだいたいわかるけど……、絶対《ぜったい》その種類《しゅるい》で、まちがいありませんって、しょうめいはできないってことかなあ」

母《かあ》ちゃんが言《い》うには、そのしょうめいしょは、飼《か》い主《ぬし》さんの家《いえ》に来《く》るときにいっしょについてくるのだといいます。

「けっとうしょのある犬《いぬ》は、どこからくるの？」

きららは、母《かあ》ちゃんにシッポをふりながら聞《き》きました。

子犬《こいぬ》のきららには、知《し》りたいことがいっぱいです。

「ペットショップで売《う》られている犬《いぬ》とかブリーダーの犬《いぬ》には、けっとうしょがあるんだよ……」

ブリーダーというのは、けっとうしょ付《つ》きで、おなじ種類《しゅるい》のおとうさん犬《いぬ》とおかあさん犬《いぬ》のあいだにできた子犬《こいぬ》を売《う》っている人間《にんげん》のことです。

そして、ペットショップの多《おお》くは、ブリーダーから子犬《こいぬ》を仕入《しい》れて、お店《みせ》で犬《いぬ》を販売《はんばい》しています。

「犬《いぬ》って、いくらで売《う》られてるの？」

「10万円《まんえん》とか…、高《たか》い犬《いぬ》だと100万円《まんえん》なんて犬《いぬ》もいるそうだよ」

母《かあ》ちゃんはため息《いき》をつきながら言《い》いました。

「ずいぶん、ねだんにちがいがあるんだね……。母《かあ》ちゃん……わたしはいくらだった？」

「きららはただだよ！」

「ただ？　ゼロ円《えん》？」

「そう、ゼロ……」

「1円《えん》もはらわなかったの？」

「うん……ただ……」

「わたしの、けっとうしょは？」

「……なし！」

「なし？」

「だって、きららは、捨《す》てられてた犬《いぬ》なんだから、そんなもんないよ」

きららはショック！　ほかの犬《いぬ》たちはおとうさん犬《いぬ》、おかあさん犬《いぬ》、おじいさん犬《いぬ》、おばあさん犬《いぬ》、そのもっと先《さき》のご先祖《せんぞ》さままでわかっているのに、きららは、おかあさん犬《いぬ》とはいっしょにいたもののの、おとうさん犬《いぬ》さえ、どんな犬《いぬ》なのかわかりません。その上《うえ》、しばいぬという種類《しゅるい》にも入《はい》らないきららは、ただのミックス犬《けん》なのです。

「けっとうしょがないのは、しかたないけど……わたし、しばいぬじゃないの？　じゅういさんも、しばいぬって言《い》ってくれたよ」

「じゅういさんはきららがしばいぬっぽいから、しばいぬ？　って聞《き》いたんだよ。でも、きららはどう見《み》ても、ミックス犬《けん》だなあ！」

母《かあ》ちゃんはおおわらいしして言《い》いました。

「どう見《み》ても、ミックス犬《けん》なの？」

「うん！　たとえば、きららの大《おお》きなまんまるシッポ！」

きららはうしろをむいて、シッポを見《み》ました。

「しばいぬのシッポっていうのは、もっと短《みじか》くてきゅっとかたつむりみたいに巻《ま》いてるんだけど、きららのはふんわりソフトクリームみたいな巻《ま》き方《かた》でしょう！」

母《かあ》ちゃんが、きららのゆる巻《ま》きシッポを、ひとさしゆびで、くるんとなぞると、シッポが、そのうごきにあわせてふわっと左《さ》右《ゆう》にゆれました。

「かわいい！　きららのシッポ！」母《かあ》ちゃんは、きららのシッポにキスをしました。

母《かあ》ちゃんが大好《だいす》きな、じまんのシッポなのに、このシッポがしばいぬっぽくないと言《い》うのです。

きららは、かなしくなって、母《かあ》ちゃんのひざの上《うえ》でまるまって、すねてしまいました。

「きらら！　そんなこと、どうでもいいじゃん！　しばいぬでも、ミックスでもきららは、きらら。母《かあ》ちゃんの犬《いぬ》だよ」

母《かあ》ちゃんが、きららの黒《くろ》い鼻《はな》に、またキスをしました。

でも、きららは、ぜんぜん、うれしくありませんでした。

「きららちゃ〜ん！」

じゅういさんによばれて、母《かあ》ちゃんがきららを抱《だ》っこしたまま、しんさつしつの中《なか》に入《はい》っていきました。

「えーっと、ミックスでしたね……この子《こ》はどうされましたか？」

じゅういさんがカルテを見《み》ながら言《い》いました。

「母犬《ははいぬ》ときょうだい犬《いぬ》といっしょに、農家《のうか》ののき先《さき》に捨《す》てられて、どうぶつあいごセンターにおくられたようです」

どうぶつあいごセンターは、捨《す》てられた犬《いぬ》たちが入《はい》る、くらい部屋《へや》のことです。

母《かあ》ちゃんがいうと、じゅういさんは、ふんふんと、うなずきながら、カルテにせっせと、ボールペンをはしらせました。

「それで、おたくで飼《か》うことにしたんですね。きららちゃん、たすかってよかったね」

じゅういさんは、カルテを書《か》きおえると、きららのあたまをなで

わたし、しばいぬじゃないの？

ました。

母《かあ》ちゃんへの質問《しつもん》がおわったようです。

「じゃあ、きららちゃん、ちょっとお口《くち》あけましょう」

じゅういさんは、きららの口《くち》を手《て》で開《ひら》き、歯《は》をみてまたふんふん、とうなずきました。

「歯《は》をみたところ……生《う》まれてまだ、3ヵ月《げつ》くらいですねえ……」

たんじょうびのわからない犬《いぬ》のねんれいは、歯《は》をみて、はんだんします。

きららはまたまたショックをうけました。

ペットショップでうられている犬《いぬ》やブリーダーから来《き》た犬《いぬ》は、おたんじょうびがちゃんとわかっているのに、きららにはおたんじょうびすらわからないのです。

「わたし……、おたんじょうびもない、ねだんもない犬《いぬ》！」

そんなきららのションボリに、まったく知《し》らんかおの母《かあ》ちゃん。

「ということは……秋《あき》ごろ生《う》まれたんですね。じゃあ……、9月《がつ》12日《にち》生《う》まれにします」

母《かあ》ちゃんは、そういうと、きららのたんじょうびを、かんがえもせず、いいかげんに、きめてしまいました。

「それでは、よぼうちゅうしゃしましょう」

あまりのショックで、ちゅうしゃのいたみなどきららにはまるでかんじませんでした。

「きらら、おたんじょうび、きめたんだから、それでいいじゃん！」

「そんないいかげんなきめかた！　よくないよ！」

母《かあ》ちゃんがおおわらいして、きららをぎゅっと抱《だ》きしめました。

きららは、シッポがゆれるどころか、だんだん腹《はら》がたってきました。

ミックス犬《けん》だから、けっとうしょがないから、ねだんもつかないただの捨《す》て犬《いぬ》だから、どうでもいいんだ！　と、きららはおもいました。

きららは、じまんの大《おお》きなまるいシッポをシュンとさげたまま、その日《ひ》、母《かあ》ちゃんに抱《だ》かれて、どうぶつびょういんをあとにしました。

しばいぬみたいなミックス犬《けん》

次《つぎ》の日《ひ》、きららは、いつもとおなじように、あたたかなふとんの中《なか》で目《め》がさめました。

「きらら、おはよう」

いつものように、母《かあ》ちゃんの声《こえ》が聞《き》こえてきます。

きららは、プイッと横《よこ》をむいて、知《し》らんかお。

「きらら、おこってるの？」

ごきげんななめのきららを見《み》て、母《かあ》ちゃんはきららの黒《くろ》い鼻《はな》に、ほっぺたをくっつけてスリスリしました。ますますごきげんななめのきらら。

「わたしなんて、ねだんもつけてもらえない、ただのミックス犬《けん》なんでしょ！」

ふくれているきららをみて、母《かあ》ちゃんは、わらいました。

そして、じぶんのおでこをきららのおでこにごっつんこして、きららの目《め》を見《み》て言《い》いました。

「きらら、かぞくになるのに、ねだんなんてかんけいないんだよ。それから、犬《いぬ》の種類《しゅるい》も……、しばいぬなのか、ミックスなのかなんてかんけいないんだよ。きららは、きらら。きららはきららだから、母《かあ》ちゃんはだいだい大好《だいす》きなんだよ」

おこったかおとは、はんたいに、きららのまるい大《おお》きなシッポが知《し》らないうちに、ふわふわとゆれました。

「ほうら！　そのシッポ！　シッポ！　きららのシッポは世界一《せかいいち》かわいいシッポ！」

「でも、しばいぬのシッポじゃないんでしょ？」

「母《かあ》ちゃんはね！　けっとうしょがあるしばいぬがすきなんじゃなくて、きららが好《す》きなんだよ。きららには、しばいぬにないかわいらしさが、いっぱいあるんだから！」

母《かあ》ちゃんは、そう言《い》うと、しばいぬとしばいぬミックスのきららとのちがいをつぎつぎときららにはなしはじめました。

「しばいぬにあんまりなくて、きららにはあるもの！　それは、黒《くろ》い お鼻《はな》」

「しばいぬとは、ちょっとちがうところ！　それは、長《なが》いあし」

「しばいぬとは、ちょっとちがうところ！　それは、やわらかいからだの毛《け》」

「じゃあ、さいごに、しばいぬとは、ちょっとちがうところで、母《かあ》ちゃんが一番《いちばん》好《す》きなもの。それってなあんだ？」

母《かあ》ちゃんが聞《き》くと、「ふさふさの大《おお》きな、大《おお》きな、ゆる巻《ま》きシッポ！」と、きららは、大《おお》きな声《こえ》でこたえました。

きららは、ふりかえって、じぶんのシッポを母《かあ》ちゃんの前《まえ》につきだしました。

しばより長《なが》い、
ふわふわのゆる巻《ま》きシッポ
からだの毛《け》がやわらかい

【ミックス犬《けん》 きらら】

きららよりみじかい、
しっかり巻《ま》いたシッポ
からだの毛《け》はかための

【しばいぬ ちゃちゃ】

＊純血種《じゅんけつしゅ》の柴犬《しばいぬ》の子犬《こいぬ》の中《なか》でも、たまに鼻《はな》まわりの黒《くろ》い子犬《こいぬ》も産《う》まれます。

「母《かあ》ちゃん！　このシッポって、しばいぬにはないよね！　わたしのじまんだよね！」

「うん！　ミックス犬《けん》・きららだけの、世界一《せかいいち》じまんのゆれるシッポ！　母《かあ》ちゃんの大好《だいす》きなシッポ！」

きららは、シッポをぶんぶんとふりました。

母《かあ》ちゃんがきららのシッポにほおずりしました。

ふしぎです。

きららは、ミックス犬《けん》であることが、なんだか、とても、たのもしくおもえてきたのです

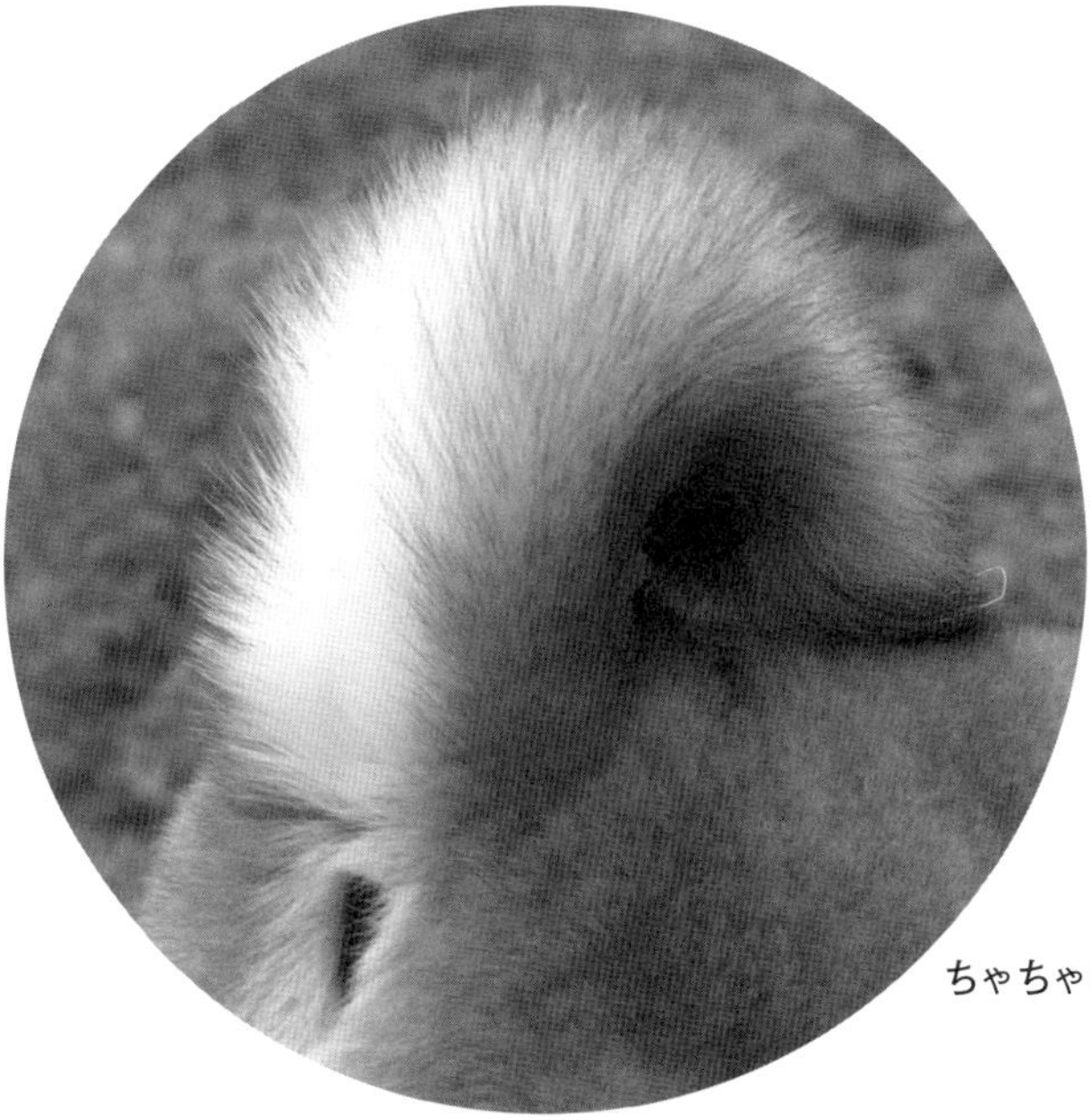

ちゃちゃのシッポ

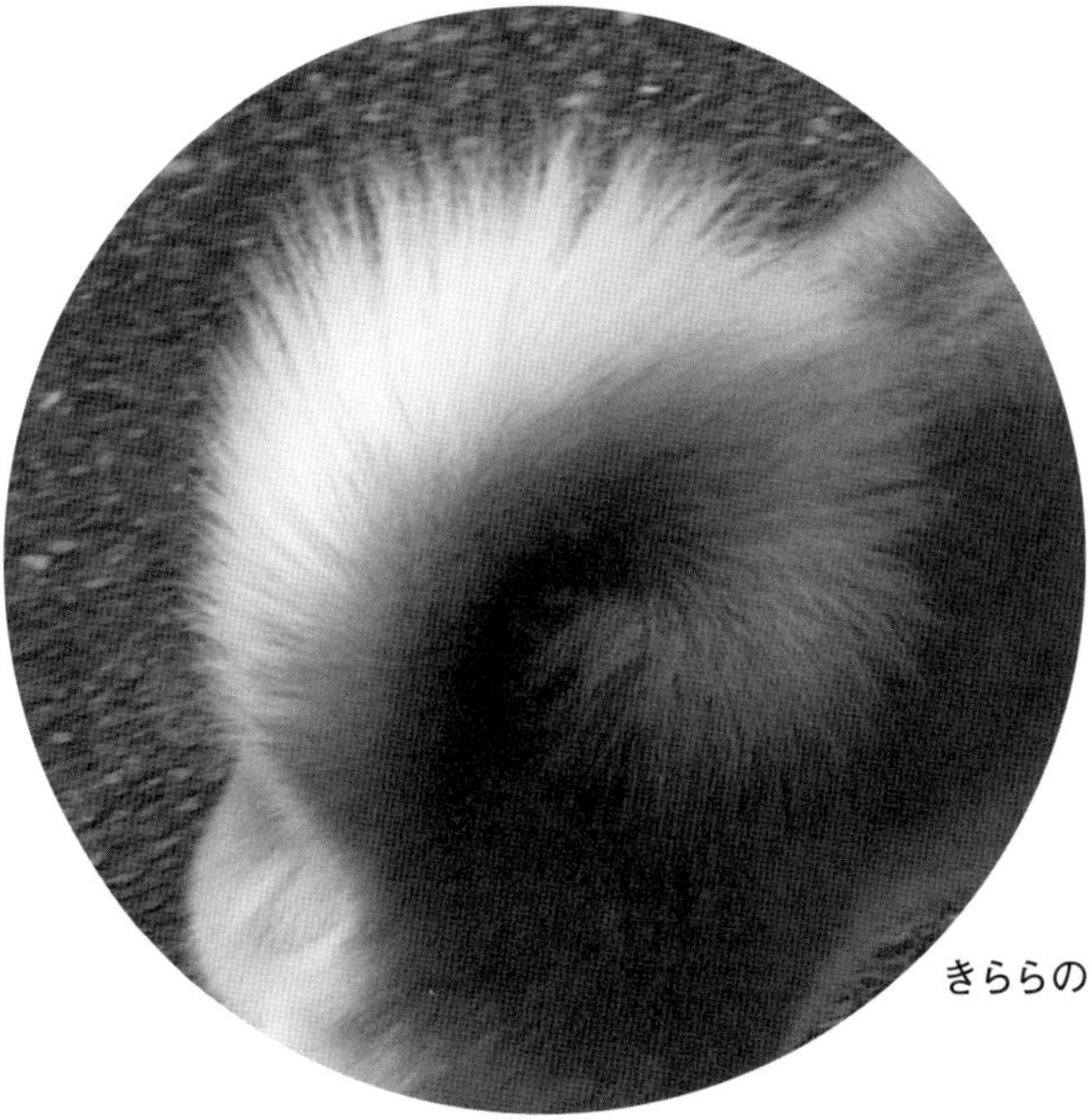

きららのシッポ

はじめてのおさんぽ

こころがぽかぽかで、ぐっすりねむった次《つぎ》の日《ひ》。

冬《ふゆ》にしてはあたたかな朝《あさ》です。

「きらら、おはよう！」

いつものように、となりでねていた、母《かあ》ちゃんが、きららに言《い》いました。

きららは、母《かあ》ちゃんのかおをペロペロとなめて、おふとんから飛《と》

びおきました。

のんびりねてなんかいられません。

きょうは、いよいよおさんぽデビューの日《ひ》です。

おさんぽはすごくたのしくて、たくさんのおともだちができると
母《かあ》ちゃんはいつもきららに言《い》っていました。

よぼうちゅうしゃをおえたきららは、いよいよ母《かあ》ちゃんと外《そと》のせかいをみる日《ひ》をむかえたのです。

おひさまの光《ひかり》がまどから入《はい》って、お部屋《へや》のなかはぽかぽかです。

きょうのきららはごきげんです。

母《かあ》ちゃんが、きららにくびわとリードをつけてくれました。

はじめてのくびわは、きゅうくつで、きもちわるくて、きららは

からだをプルプルッとふりました。

でも、これをつけないと、おさんぽデビューはできません。

たのしいおさんぽのことをかんがえたら、これくらいがまんです。

「しゅっぱーつ！」

あたらしいくびわとリードをつけて、きららは元気《げんき》にあるきはじめました。いろんなにおいが、かぜにのってやってきます。

きららは地面《じめん》をクンクンとかぎました。

知《し》らない犬《いぬ》のにおいがします。あっちからも、こっちからも……。

なんだかたのしくなってきました。

これからたくさんのおともだちにあえるとおもうと、わくわくします。

クンクン

きららは、母《かあ》ちゃんといっしょにシッポふりふり、元気《げんき》にあるいていきました。

しばらくすると、どうろとはくらべものにならないほど、いろんな犬《いぬ》のにおいがただよってきました。

においのするほうへあるいていくと、きれいなしばふのこうえんにつきました。

たくさんの犬《いぬ》が飼《か》い主《ぬし》さんにつれられて、あそんでいます。

「こんにちは！　きみ、はじめてあうね。ぼくは、ラブラドルレトリバーのジョイ！　きみは、しばいぬ？」

「わたしは、ミックス犬《けん》のきらら！」

ラブラドルレトリバーのジョイ

「へえ……。ぼくたちラブラドルレトリバーのご先祖《せんぞ》さまはね、狩《か》りのえものをもってくるしごとをしていたんだって。それだけじゃないよ！　泳《およ》ぐのも得意《とくい》なんだ！　ほら！　肉球《にくきゅう》のあいだに水《みず》かきまであるんだよ！　それに、目《め》の見《み》えない人《ひと》をたすける盲導犬《もうどうけん》としても大《だい》かつやくしている犬《いぬ》なんだ。人間《にんげん》の手《て》だすけをする犬《いぬ》なんだよ！　いろんなことをおぼえるのも得意《とくい》で、みんなにあたまがいいって言《い》われるよ」

はじめてこうえんに来《き》たきららを見《み》て、みんなきょうみしんしん。べつの犬《いぬ》がやってきました。

「わたしはビーグルのチョコ。犬《いぬ》はみんな鼻《はな》がいいっていうけど、その中《なか》でもばつぐんに鼻《はな》がきくって言《い》われているの！　わたしたち

ビーグルのチョコ

ビーグルのご先祖《せんぞ》さまは、その鼻《はな》をつかって人間《にんげん》の狩《か》りのおてつだいをするのが得意《とくい》だったのよ。運動《うんどう》が大好《だいす》きで、やさしいせいかくよ。あの有名《ゆうめい》なスヌーピーのモデルになったかわいい犬《いぬ》なんだから。あなたは……しばいぬ？　じゃないわね。なんの種類《しゅるい》？」

「わたしは、ミックス犬《けん》のきらら……得意《とくい》なのは……」

言《い》いかけて、きららはだまってしまいました。たんじょうびはもちろん、おとうさんの種類《しゅるい》も知《し》らないきららは、ご先祖《せんぞ》さまのことなど、まったくわかりません。

犬《いぬ》たちがこうえんに次々《つぎつぎ》とやってきます。

「ぼくは、ジャーマン・シェパードのギンジだよ！　大《おお》きいだけじゃないぞ。人間《にんげん》と一緒《いっしょ》にトレーニングするのも好《す》きだから、ご先祖《せんぞ》

さまは、代々《だいだい》警察犬《けいさつけん》として大《だい》かつやくさ。わるいはんにんをつかまえるんだよ。かっこいいだろう！　きみは、なんの種類《しゅるい》？」

「わたしは、ミックス犬《けん》のきらら……」

「ふーん……得意《とくい》なこと何《なに》？」

またまたきららは、だんまりになってしまいました。

そこに、ぬいぐるみみたいなかわいい犬《いぬ》がやってきました。

「わたしは、トイプードルのアリス！　賢《かしこ》くて、今《いま》、ペットとしていちばん人気《にんき》がある種類《しゅるい》なの。どう？　このカット！　びよういんでいつもおカネをかけてきれいにしてもらうのよ！　セレブでしょう？　あなたはしばいぬ？　じゃないわねえ」

「……わたしは……ミックス犬《けん》のきらら……」

ジャーマン・シェパードのギンジ

トイプードルのアリス

「ミックス？　あなたブリーダーさんから来《き》たの？　……ちがうわねえ……」

「……」

きららがシュンとしていると、うしろから、足《あし》のみじかい犬《いぬ》がはしりよってきました。

「ぼくは、ミニチュア・ダックスフントのバンブー！　もともとアナグマをおいかけて、せまいすあなまで、もぐっていたから、こんなに足《あし》がみじかいんだ！　足《あし》がみじかくてもいっぱい走《はし》るよ。ペットとしても大人気《だいにんき》さ！　きみは？　しばいぬ……じゃないよなあ」

「ミックス犬《けん》のきらら……」

そこにライオンのように美《うつく》しい犬《いぬ》が二匹《ひき》やってきました。

ミニチュア・ダックスフントのバンブーとジャスミン

ゴールデンレトリバーのくるみとあんず

「わたしたちは、ゴールデンレトリバーの姉妹《しまい》で、くるみとあんずよ！　人間《にんげん》が大好《だいす》きなあまえんぼうで、あたまがいいってよくいわれるわ。そのせいか、ラブラドルレトリバーとおなじように、盲導《もうどう》犬《けん》や、人《ひと》をたすけるきゅうじょ犬《けん》としてもかつやくしているのよ！　あなたは、なんの種類《しゅるい》？」

きららは、もう、なにもこたえませんでした。

それからも、羊《ひつじ》などの家畜《かちく》を追《お》うためにつくられた、ぼくよう犬《けん》のシェトランド・シープドッグのベルちゃん、世界一小《せかいいちちい》さくてかわいいチワワのコタロウくんなど、たくさんの犬《いぬ》たちが、こうえんに集《あつ》まってきました。

聞《き》くと、みんなブリーダーやペットショップから、やってきた犬《いぬ》

シェトランド・シープドックのベル

チワワのコタロウ

はじめてのおさんぽ

たちで、けっとうしょもあると言《い》います。

ぬいぐるみのようなトイプードルのアリスちゃんは、20万円《まんえん》。警察犬《けいさつけん》くんれん学校《がっこう》からきたシェパードのギンジくんは、15万円《まんえん》。セラピードッグとしてもはたらいているラブラドルレトリバーのジョイくんも15万円《まんえん》。

みんな、おたんじょうびもはっきりわかっていて、高《たか》いお金《かね》とひきかえに、飼《か》い主《ぬし》さんのおうちにやってきた犬《いぬ》たちです。

おたんじょうびもなし、ねだんもつかなかった「ただの犬《いぬ》・きらら」は、がっくり。かなしくて、ひとりぼっち、こうえんのしばふの上《うえ》にすわりこんでしまいました。

おさんぽからかえっても、きららのじまんのシッポはシュンとたれさがったままでした。

そんなきららをみて、母《かあ》ちゃんは、「だいじょうぶ。きっとみんなと仲良《なかよ》くできるよ」と言《い》って抱《だ》きしめてくれました。

きららはすこしほっとして、ばんごはんをのこさずたべると、ふかふかのあたたかなふとんにもぐりこみました。

どうすればおさんぽで、みんなと仲良《なかよ》くできるのか、きららはふとんにくるまって、かんがえることにしました。

ところが、はじめてのおさんぽでつかれきったきららは、うとうと……。

大《おお》きなシッポにかおをうずめて、たちまちねむってしまいました。

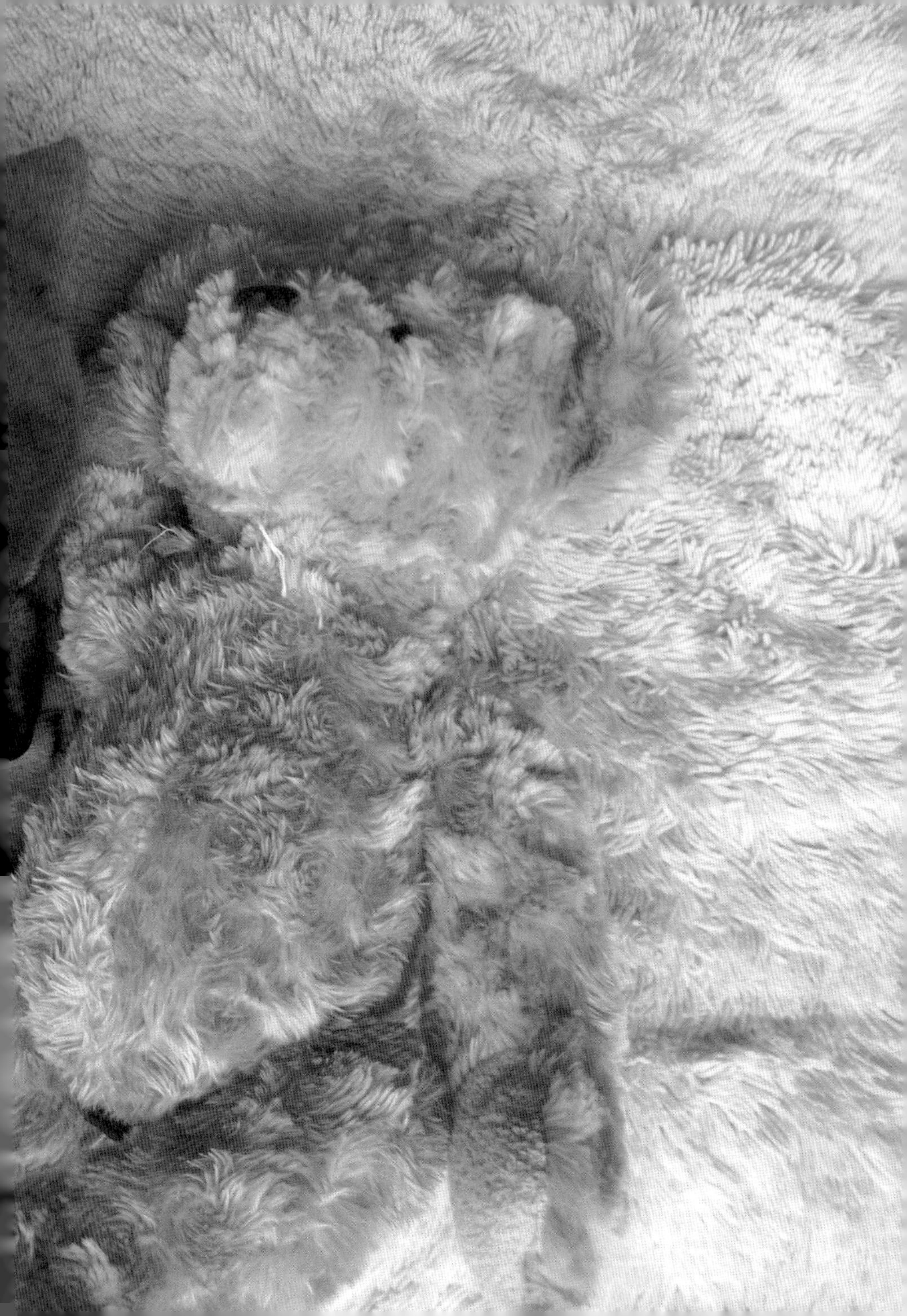

さいこうのプレゼントはなに？

あっというまに、朝《あさ》です。

みんなと仲良《なかよ》くできる方法《ほうほう》をかんがえるはずだったのに、すっかりねむってしまったきらら。

もうすぐ、朝《あさ》のおさんぽの時間《じかん》です。

きららはおふとんの中《なか》で、くらいきもちになりました。

「きらら！　おはよう」

きょうも母《かあ》ちゃんは、いつもとおなじ。

きららの黒《くろ》い鼻《はな》にキスをしてくれました。

「母《かあ》ちゃん……犬《いぬ》って、種類《しゅるい》によって、得意《とくい》なことがちがうんだってさ。でもわたしは、種類《しゅるい》がないでしょう。いろいろまじってるから……」

きららがシュンとして言《い》うと、母《かあ》ちゃんは「そうだね！」と、それだけ。

「母《かあ》ちゃん……ほかのおともだちは、みんな高《たか》いお金《かね》をはらってもらって飼《か》い主《ぬし》さんのところへきたんだって……。でもわたしには、お金《かね》はらってないでしょ……？」

「そうだね！」

わたしには、お金《かね》はらってないでしょ……？

「ゼロ円《えん》でしょう？」

すると、母《かあ》ちゃんはひょいっときららを抱《だ》きあげて、きららの黒《くろ》い鼻《はな》に、ガブッとかみつきました。

「いたいよう！」きららはキャインと泣《な》きさけびました。

母《かあ》ちゃんは、きららの目《め》をまっすぐに見《み》て言《い》いました。

「きらら、きららはこれから、なんさいまで生《い》きるかしってる？」

犬《いぬ》の一生《いっしょう》は15ねんくらいといわれています。

そして、犬《いぬ》はずっと、人間《にんげん》の飼《か》い主《ぬし》さんにせわをしてもらって生《い》きていかなくてはなりません。

ごはんをもらったり、さんぽにつれていってもらったり、病気《びょうき》になったらおいしゃさんにつれていってもらったり──。

「そのおせわするお金《かね》、どれくらいかかるかわかる？」

きららにはさっぱりわかりません。

「ブリーダーさんや、ペットショップにはらうお金《かね》の、何十倍《なんじゅうばい》もかかるんだよ。それでも、母《かあ》ちゃんはきららとずっと、ずっといっしょにいたい。なんでかわかる？」

きららは黒《くろ》い鼻《はな》を右左《みぎひだり》にぷんぷんとふりました。

「きららが大好《だいす》きだから……」母《かあ》ちゃんが、きららをぎゅっと抱《だ》きしめました。母《かあ》ちゃんのしんぞうの音《おと》が、トクトクと聞《き》こえます。

きららのシッポが、ふわふわと大《おお》きくゆれました。

「けっとうしょの犬《いぬ》より、どんな種類《しゅるい》の犬《いぬ》より、きららっていう子《こ》がいちばん大切《たいせつ》だから……」

きらの、ゆれるシッポがとまりません。右《みぎ》に左《ひだり》に、なんども、なんども、大《おお》きくゆれます。

「それに、きららはミックスだけど、ミックスっていうのは、いろんな犬《いぬ》の種類《しゅるい》がまざってるってことなんだよ。だから、得意《とくい》なことだって、たくさんあるはずだよ」

きららは、くびをかしげて母《かあ》ちゃんを、見上《みあ》げました。

「たとえば、しばいぬっぽいきららには、きっと、しばいぬの血《ち》がまじってる。しばいぬは狩《か》りが得意《とくい》なんだよ！　きららが、鳥《とり》を見《み》て追《お》いかけるのも、動《うご》くものを追《お》いかけるのが得意《とくい》なしばいぬの血《ち》かもね」

たしかに、きららは鳥《とり》を追《お》いかけるのが大好《だいす》きです。相手《あいて》の動《うご》きがすばやければ、すばやいほど、追《お》いかけたくなるのです。

「……でも、わたしは鳥《とり》をつかまえるのに成功《せいこう》したことは一度《いちど》もないよ……」

「成功《せいこう》しなくていいの。きららは、母《かあ》ちゃんの家族《かぞく》としていっしょに暮《く》らしているんだから。きららが、鳥《とり》をつかまえてもってきたら、それこそ困《こま》っちゃうよ……」母《かあ》ちゃんがためいきをついて言《い》いました。

「そうだね！」

「いろんな種類《しゅるい》の犬《いぬ》の血《ち》がながれているなんて、きららはすごいんだよ！　それにどんな種類《しゅるい》でも、犬《いぬ》は犬《いぬ》！　犬《いぬ》といういきものにはかわりないでしょう？」

どんな種類《しゅるい》でも、犬《いぬ》は犬《いぬ》！

母《かあ》ちゃんの話《はなし》を聞《き》いて、きららは、少《すこ》し元気《げんき》になってきました。

「それからね、きらら……、どんな高《たか》いお金《かね》でかわれた犬《いぬ》も、どんな種類《しゅるい》の犬《いぬ》でもできない、きららにしかできないことがあるんだよ。それってなにかわかる？」

きららには、またまたさっぱりわかりません。

「ほかの犬《いぬ》にはできないけど、わたしにだけできる得意《とくい》なこと？」

母《かあ》ちゃんがうなずきました。

いくらかんがえてもわかりません。

「……わたし……できることなんて何《なに》もないよ……」

すると、母《かあ》ちゃんがまた、きららの黒《くろ》い鼻《はな》をカプッとかみました。

こんどはいたくありません。

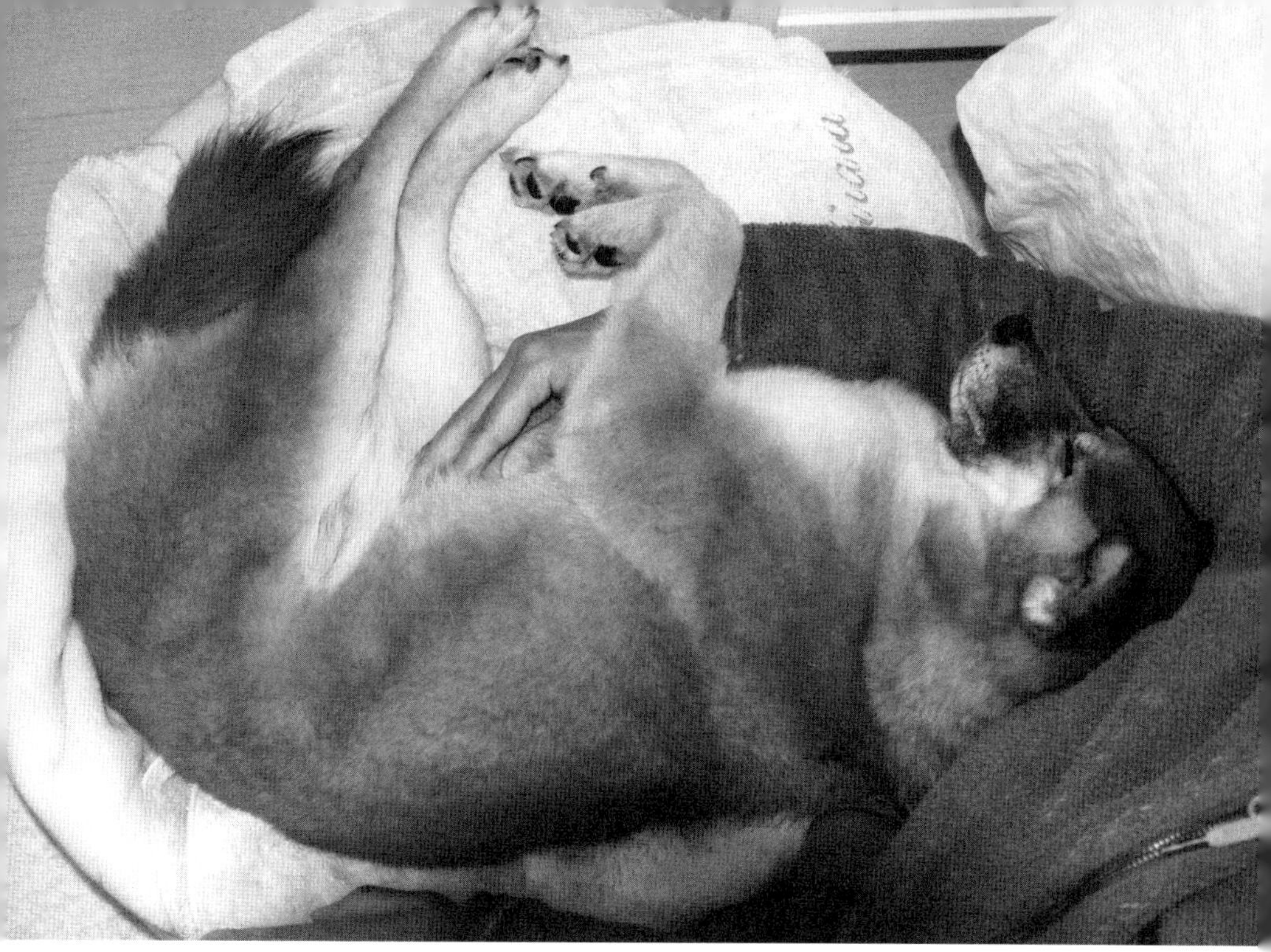

わたし……できることなんて何《なに》もないよ。

「くすぐったいよ……母《かあ》ちゃん……」

「きらら……そんなこともわからないかなあ……」

母《かあ》ちゃんはそう言《い》うと、またきららをぎゅっと抱《だ》きしめました。

さっきより母《かあ》ちゃんのしんぞうの音《おと》が大《おお》きく伝《つた》わってきます。

きららはシッポをおもいきりふりながら、母《かあ》ちゃんのかおをぺろぺろなめて「母《かあ》ちゃん！　だあいすき！」と言《い》いました。

「ほうら！　これだよ。きららにしかできないことって、これなんだよ」

母《かあ》ちゃんが、わらいながら言《い》いました。

「きらら……、命《いのち》にねだんなんてつけられないんだよ。それから、……たのしいこと、うれしいことにも、ねだんなんてつけられないんだよ」

「たのしい、うれしいっておもう〝こころ〟に、ねだんはないんだね！　母《かあ》ちゃん」きららが元気《げんき》に、言《い》いました。

「そう！　大切《たいせつ》なものに、ねだんはつけられないんだよ。だからきららは〝ねだんがつかない犬《いぬ》！〟」

母《かあ》ちゃんは、きららの鼻《はな》をガブッとかんで、わらいました。

「……きららを思《おも》う母《かあ》ちゃんの〝こころ〟なんて、あまりにも大《おお》きすぎて、ねだんなんかつけられない。それとね……、きららにあげたおたんじょうびね、9月《がつ》12日《にち》は、母《かあ》ちゃんのおたんじょうびなんだよ！」

大好《だいす》きなきららといっしょにおいわいできるように、大好《だいす》きなき

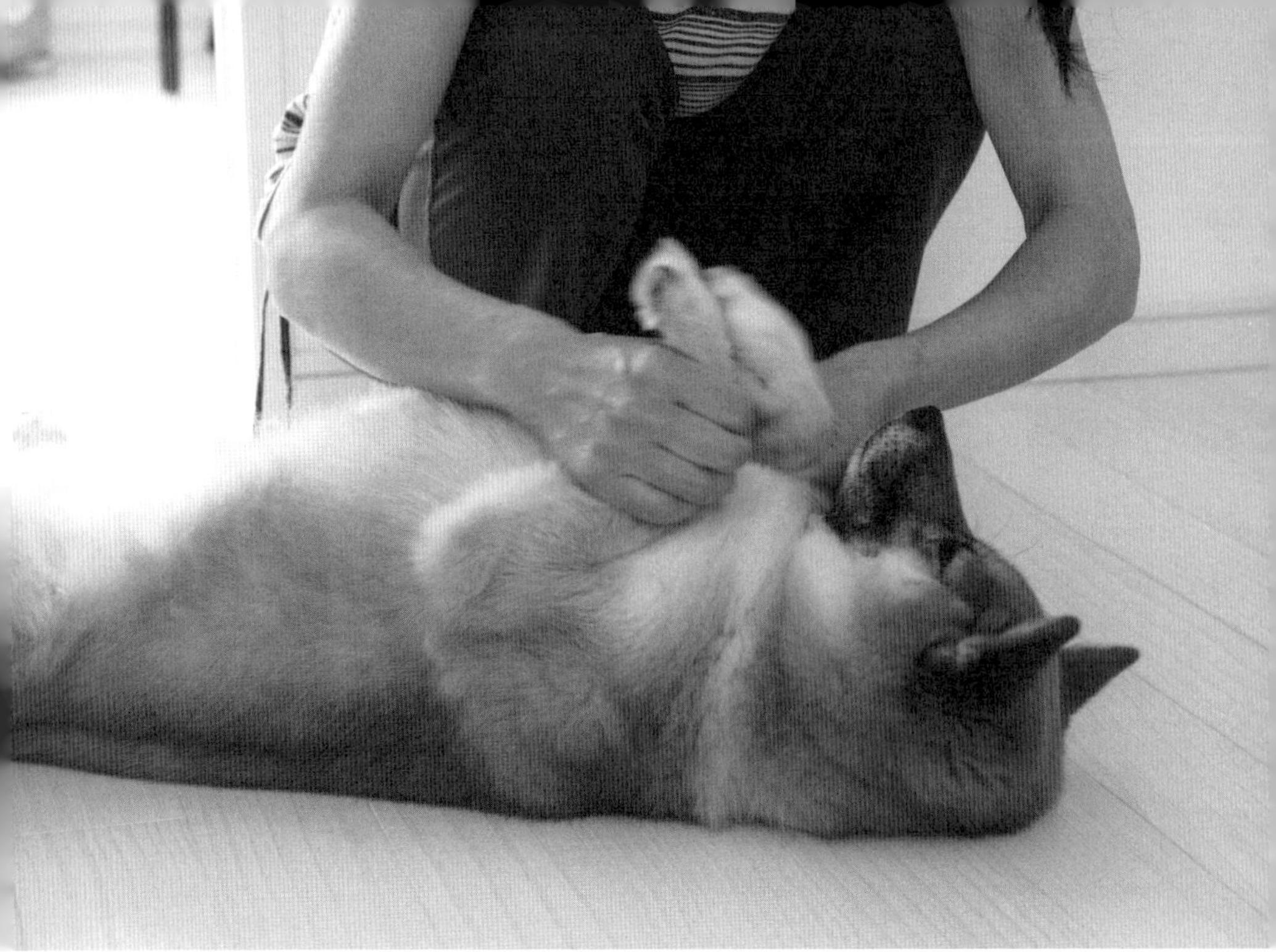

こころにねだんはないんだね。

らのおたんじょうびをぜったいにわすれないように――。

きららは、この日《ひ》、はじめて、ミックス犬《けん》のじぶんを「好《す》き」になりました。

母《かあ》ちゃんとおなじおたんじょうびをプレゼントされて、母《かあ》ちゃんからたくさん、たくさん、あいされているじぶんが、とてもすてきにおもえたのです。

ほかの犬《いぬ》じゃダメなんだ――。

きららは、きらら。だから、母《かあ》ちゃんは、大好《だいす》きなのです――。

きららにしかできないことに、きららはやっと、きがつきました。

それは、飼《か》い主《ぬし》の母《かあ》ちゃんに「しあわせ」をプレゼントすることだ

ったのです。母《かあ》ちゃんをしあわせにできるのは〝ねだんの高《たか》い犬《いぬ》〟でも、〝けっとうしょつきの犬《いぬ》〟でもない。〝きらら〟なのです。

いちばんの犬《いぬ》はだれ？

きららは、おさんぽで、ほかの犬《いぬ》たちにあうのがたのしみになってきました。

こうえんにむかうきららのシッポは大《おお》きくゆれています。

とちゅう、しばいぬとであいました。

「おはよう！　ぼくはしばいぬのテツ。きみも？　しばいぬ？」

「おはよう！　わたしは、ミックス犬《けん》のきらら！」

しばいぬのテツ

ちょっとちがうんだよ！

「しばいぬみたいだね」

テツくんに言《い》われてきららは元気《げんき》にこたえました。

「しばいぬみたいだけど、ちょっとちがうんだよ！　ほら！」

きららは、じぶんの大《おお》きなシッポを見《み》せました。

「うわあ！　ぼくらのよりすっごく大《おお》きなシッポ！　ふさふさで、すごいなあ」

テツくんがほめてくれました。

「ぼくたちしばいぬは、天然記念物《てんねんきねんぶつ》にされている、すっごい犬《いぬ》なんだよ」

「てんねんきねんぶつってなあに？」

「人間《にんげん》が大切《たいせつ》にまもっていこうってきめたどうぶつのことさ」

てんねんきねんぶつってなあに?

ぼくたちすごい犬《いぬ》なんだよ。

天然記念物《てんねんきねんぶつ》に決《き》められている犬《いぬ》は、柴犬《しばいぬ》のほかに、秋田犬《あきたいぬ》、紀州犬《きしゅういぬ》、甲斐犬《かいけん》、四国犬《しこくいぬ》、北海道犬《ほっかいどういぬ》などがあります。

きららは、くすっとわらってしまいました。

「じゃあ、わたしも、てんねんきねんぶつ。だって、わたしの母《かあ》ちゃん、まい朝《あさ》キスして、すっごく大切《たいせつ》に、かわいがってくれるから！」

「あ、そうか！　ぼくたち犬《いぬ》は、みんな飼《か》い主《ぬし》さんにとって、天然《てんねん》記念物《きねんぶつ》だよね！　きららちゃん、すごいこと言《い》うなあ」

きららは、ほめられてうれしくなりました。

ミックス犬《けん》だろうと、けっとうしょのある犬《いぬ》だろうと、かんけいないのです。

大切《たいせつ》なのは、飼《か》い主《ぬし》さんと、どれだけたくさん「こころ」がむすばれているかなのです。

きららは「またね！」とテツくんにあいさつをすると、おおいそぎでこうえんにむかいました。

いつもとおなじ犬《いぬ》たちがいます。

ラブラドルレトリバーのジョイくんが、ちかづいてきました。

トイプードルのアリスちゃん、シェパードのギンジくん、ゴールデンレトリバーのくるみちゃんとあんずちゃんもいます。

「きららちゃん！　おはよう！」

「おはよう！　わたし、じぶんの得意《とくい》なことみつけたよ！」

きららは、みんなをまえに「エヘン」とむねをはって言《い》いました。

「へえ！　きららちゃんの得意《とくい》なことってなあに？」アリスちゃん

が聞《き》きました。
きららは大《おお》きな声《こえ》で言《い》いました。
「母《かあ》ちゃんを、しあわせにできるってことだよ」
みんながきららのかおをじっと見《み》ています。
きららは、どうどうとシッポをふりました。
すると、みんながいっせいにシッポをふって、きららにちかづいてきました。
「わたしも、飼《か》い主《ぬし》さんをうんとしあわせにしてるわ」アリスちゃんが言《い》いました。
「ぼくもだよ」ギンジくんも、言《い》いました。
「わたしたちもよ！」くるみちゃんとあんずちゃんも言《い》いました。

すると、いちばん年上《としうえ》のジョイくんが近《ちか》づいてきて、きららに言《い》いました。

「きららちゃん、ぼくたち犬《いぬ》はみんな、じぶんたちの飼《か》い主《ぬし》さんをしあわせにするちからをもっているんだ！　これから、きょうそうだぞ！　だれがいちばん、飼《か》い主《ぬし》さんをしあわせにできるかな？」

母《かあ》ちゃんをしあわせにすることなら、ぜったいだれにもまけないときららはおもいました。

「ぜったいわたしがいちばんだよ！」きららは大《おお》きなシッポをゆらしてどうどうと言《い》いました。

「ぼくがいちばんだよ！」

「わたしよ」

みんな、じしんたっぷりです。

飼《か》い主《ぬし》さんをおもうきもちに、犬《いぬ》の種類《しゅるい》も、ねだんも、かんけいありません。

飼《か》い主《ぬし》さんが、じぶんの犬《いぬ》をおもうきもちにも、犬《いぬ》の種類《しゅるい》も、ねだんのある、ないもかんけいないのです。

きょうのおさんぽは、だいまんぞくです。

きららは、かえりみち、母《かあ》ちゃんにむねをはって言《い》いました。

「母《かあ》ちゃん！　わたしがぜったいいちばんだよ！」

すると、母《かあ》ちゃんが言《い》いました。

「うん！　きららがいちばん！　でも、ジョイくんもいちばん！

アリスちゃんもいちばん！　ギンジくんもいちばん、くるみちゃん

あんずちゃんもいちばんなんだよ！」

「えー！　それじゃあ、きょうそうにならないよ」

きららがぷっとふくれっつらをして、黒《くろ》い鼻《はな》を母《かあ》ちゃんにむけました。

「そうだね！　きららの言《い》う通《とお》り、きょうそうにならないね……。

だって、だれがいちばんか、きめるのはじぶんの飼《か》い主《ぬし》さんだから」

ジョイくんの飼《か》い主《ぬし》さんは、ジョイくんがいちばん。

アリスちゃんの飼《か》い主《ぬし》さんは、アリスちゃんがいちばん。

ギンジくんの飼《か》い主《ぬし》さんは、ギンジくんがいちばん。

くるみちゃん、あんずちゃんの飼《か》い主《ぬし》さんは、くるみちゃんとあんずちゃんがいちばん――、にきまっているのです。だって、じぶんの犬《いぬ》だから──。

「母《かあ》ちゃんにとっては、きららがいちばん！　ずーっと、ずーっといちばん！」

母《かあ》ちゃんの「いちばん」になるために、お金《かね》はいりません。けっとうしょもいりません。

「いちばん」になるために大切《たいせつ》なのは、きららの「こころ」です。きららというなまえには、そんな母《かあ》ちゃんのねがいがこめられているのです。

〈おわり〉

あとがきにかえて

きららの母《かあ》ちゃんから質問《しつもん》です。

「あなたの友《とも》だちが、あなたよりお金《かね》もちで、とても素敵《すてき》な洋服《ようふく》を着《き》ていたら、あなたは、友《とも》だちのことをうらやましいと思《おも》うでしょうか。自分《じぶん》と友《とも》だちを比《くら》べてしょんぼりしてしまうでしょうか」

この本《ほん》に出《で》てくる子犬《こいぬ》・きららは、そうでした。

まわりの犬《いぬ》は、みんな血統書《けっとうしょ》があって、中《なか》にはお父《とう》さん、お母《かあ》さんがドッグ・ショーのチャンピオンで、高《たか》いお金《かね》と引《ひ》き換《か》えに人間《にんげん》の家《いえ》にやってきたのに、自分《じぶん》は捨《す》てられてタダでもらわれた犬《いぬ》だということに、ショックを受《う》けて、しょんぼりしてしまいます。

でも、なぜしょんぼりしてしまうのでしょう。

なぜ、ショックを受《う》けてしまうのでしょう。

それは、わたしたちが、お金《かね》もちや、ブランドがあるものが良《よ》いと思《おも》ってしまうからです。

そこで、少《すこ》し考《かんが》えてみてください。幸《しあわ》せって何《なん》でしょう――?

きららには、血統書《けっとうしょ》も、ねだんも、何《なに》もありませんが、母《かあ》ちゃんにとてもの愛《あい》されています。そして、きららが世界一大好《せかいいちだいす》きな母《かあ》ちゃんにとって、きららもまた、一番《いちばん》の犬《いぬ》なのです。

もし、みなさんが世界中《せかいじゅう》で一番好《いちばんす》きな人《ひと》から「あなたが一番大切《いちばんたいせつ》だよ」って言《い》われたら、みなさんはどんな気《き》もちになるでしょう?

誰《だれ》かを好《す》きになるのにお金《かね》も、ねだんも、ブランドも、必要《ひつよう》ありません。

あなたが、もしきららだったら――?

読者《どくしゃ》のみなさんにはぜひ、きららの気《き》もちになって、物語《ものがたり》を読《よ》んでいただけたらと思《おも》います。この本《ほん》では、そんなきららと母《かあ》ちゃんの気《き》もちが読者《どくしゃ》のみなさんに上手《じょうず》に伝《つた》わるよう、きららが飼《か》い主《ぬし》の母《かあ》ちゃんとおしゃべりしているように描《えが》かれています。
きららがどうやって幸《しあわ》せを見《み》つけたのか、きららの幸《しあわ》せは何《なん》だったのか、本《ほん》の中《なか》できららと出会《であ》い、答《こた》えをみつけてもらえたらとてもうれしく思《おも》います。

2017年《ねん》10月《がつ》吉日《きちじつ》

きららの母《かあ》ちゃん　今西《いまにし》乃子《のりこ》

※ご協力いただいた犬と飼い主さん

「ジョイ」ラブラドルレトリバー　佐々木和子

「銀次」ジャーマン・シェパード　吉田喜美子

「くるみ&あんず」ゴールデンレトリバー　野口佳奈子

「アリス」トイプードル　大村多恵子

「バンブー&ジャスミン」ミニチュア・ダックスフント　東 祐子

「ベル」シェトランド・シープドッグ　武内壽美子

「小太郎」チワワ　黒木テル子

「チョコ」ビーグル　田村昌久

「ちゃちゃ」柴犬（赤）　竹田有紀

「テツ」柴犬（黒）　井上くに子

著者

今西乃子（いまにし のりこ）

一九六五年、大阪市岸和田市生まれ。

児童書のノンフィクションを手がけるかたわら、小・中学校などで「命の授業」を展開。

『ドッグ・シェルター』（金の星社）で第36回日本児童文学者協会新人賞を受賞。

著書に『犬たちをおくる日』『よみがえれアイボ』（金の星社）、『命のバトンタッチ』『しあわせのバトンタッチ』『捨て犬・未来と子犬のマーチ』『ゆれるシッポの子犬・きらら』『捨て犬・未来、命の約束』（岩崎書店）などがある。

日本児童文学者協会会員。特定非営利活動法人 動物愛護社会化推進協会理事。

ホームページ http://www.noriyakko.com

写真

浜田一男（はまだ かずお）

一九五八年、千葉県市原市生まれ。東京写真専門学校（現東京ヴィジュアルアーツ）Tokyo Visual Arts 卒業。

二年間広告専門のスタジオでアシスタント。一九八四年、独立。一九九〇年、写真事務所を設立。

第21回日本広告写真家協会（APA）展入選。

現在、企業広告・PR、出版関係を中心に活動。世界の子ども達の笑顔や日常生活をテーマに撮影している。

ホームページ http://www.mirainoshippo.com

デザイン　鈴木康彦

ねだんのつかない子犬 きららのいのち

二〇一七年十月三十一日 第一刷発行

著者 今西乃子
写真 浜田一男

発行者 岩崎夏海 編集担当 石川雄一
発行所 岩崎書店
東京都文京区水道一-九-二 〒112-0005
電話 03-3812-9131(営業) 03-3813-5526(編集)
振替 00170-5-96822
印刷所 三美印刷株式会社
製本所 若林製本印刷株式会社
NDC916 Published by IWASAKI Publishing Co., Ltd. Printed in Japan

ISBN978-4-265-84013-7

ご意見・ご感想をおまちしています。
Email : hiroba@iwasakishoten.co.jp
岩崎書店ホームページ
http:// www.iwasakishoten.co.jp

今西乃子の本

捨《す》て犬《いぬ》・未来《みらい》シリーズ

右目《みぎめ》が切《き》られ、右《みぎ》の足首《あしくび》も切《き》られて捨《す》てられていた子犬《こいぬ》。
その子犬《こいぬ》は、里親《さとおや》ボランティアに救《すく》い出《だ》され、未来《みらい》と名《な》づけられました。
やがて、各地《かくち》の小中学校《しょうちゅうがっこう》へ「命《いのち》の授業《じゅぎょう》」におとずれるようになりました。

命《いのち》のバトンタッチ
障《しょう》がいを負《お》った犬《いぬ》・未来《みらい》

里親《さとおや》ボランティアの麻里子《まりこ》が出会《であ》った、障《しょう》がいを負《お》った子犬《こいぬ》「未来《みらい》」の里親探《さとおやさが》しを通《とお》して、犬《いぬ》が私《わたし》たちにあたえてくれるものとは何《なに》かを考《かんが》えます。

しあわせのバトンタッチ
障《しょう》がいを負《お》った犬《いぬ》・未来《みらい》、学校《がっこう》へ行《い》く

傷《きず》を受《う》けて捨《す》てられていた子犬《こいぬ》「未来《みらい》」は、各地《かくち》に「命《いのち》の授業《じゅぎょう》」にでかけている。未来《みらい》は子《こ》どもたちに何《なに》を伝《つた》えようとしているのか。

捨《す》て犬《いぬ》・未来《みらい》と子犬《こいぬ》のマーチ
もう、安心《あんしん》していいんだよ

未来《みらい》のお母《かあ》さん(飼《か》い主《ぬし》)が、捨《す》てられた犬《いぬ》たちをあずかるボランティアをはじめた。未来《みらい》は、あずかりっ子《こ》たちに色々《いろいろ》なことを教《おし》える。

東《ひがし》日本《にほん》大震災《だいしんさい》・犬《いぬ》たちが避難《ひなん》した学校《がっこう》

捨《す》て犬《いぬ》・未来《みらい》 命《いのち》のメッセージ

東日本大震災《ひがしにほんだいしんさい》から約《やく》一年《ねん》がたった二〇一二年《ねん》二月《がつ》、は、被災地《ひさいち》の学校《がっこう》での「命《いのち》の授業《じゅぎょう》」の講演《こうえん》にまねかれた。未来《みらい》は子《こ》どもたちに何《なに》を伝《つた》えたのか？

捨《す》て犬《いぬ》・未来《みらい》と捨《す》てネコ・未来《みらい》

捨《す》てネコを引《ひ》き取《と》り、はじめてネコを飼《か》いはじめた家族《かぞく》と子《こ》ネコの様子《ようす》を、未来《みらい》の目線《めせん》でえがきます。捨《す》てネコの現状《げんじょう》、犬《いぬ》とネコのちがいもわかります。

捨《す》て犬《いぬ》・未来《みらい》、命《いのち》の約束《やくそく》

和牛《わぎゅう》牧場《ぼくじょう》をたずねて

ローストビーフが大好物《だいこうぶつ》の捨《す》て犬《いぬ》・未来《みらい》の目《め》を通《とお》して、ペットの命《いのち》と肉牛《にくぎゅう》の命《いのち》について、丁寧《ていねい》にわかりやすく描《えが》く、食育《しょくいく》ノンフィクション。

捨《す》て犬《いぬ》・未来《みらい》、天国《てんごく》へのメッセージ

車《くるま》いす生活《せいかつ》となった捨《す》て犬《いぬ》・未来《みらい》の兄貴《あにき》分《ぶん》、蘭丸《らんまる》。コーギー犬《けん》である蘭丸《らんまる》の闘病《とうびょう》生活《せいかつ》と、お母《かあ》さん(飼《か》い主《ぬし》)が蘭丸《らんまる》を看取《みと》るまでを未来《みらい》の視点《してん》で描《えが》きます。

今西乃子の本

子《こ》犬《いぬ》のきららシリーズ

鼻黒《はなぐろ》の子犬《こいぬ》・きららも、未来《みらい》とおなじように動物愛護《どうぶつあいご》センターに収容《しゅうよう》されていた捨《す》て犬《いぬ》でした。救《すく》い出《だ》されたきららは、飼《か》い主《ぬし》や他《ほか》の犬《いぬ》とかかわりながら、成長《せいちょう》していきます。

ゆれるシッポの子犬《こいぬ》・きらら

子犬《こいぬ》の「きらら」は兄弟《きょうだい》、母犬《ははいぬ》とともに捨《す》てられ保護《ほご》センターへ収容《しゅうよう》される。飼《か》い主《ぬし》に引《ひ》き取《と》られてからのきらら、兄弟《きょうだい》、母犬《ははいぬ》のその後《ご》を通《とお》して、犬《いぬ》と飼《か》い主《ぬし》の信頼関係《しんらいかんけい》を描《えが》きます。

子《こ》犬《いぬ》のきららと捨《す》て犬《いぬ》・未来《みらい》
まあるい、まあるい、ふたつのシッポ

「ゆれるシッポの子犬《こいぬ》・きらら」と「捨《す》て犬《いぬ》・未来《みらい》」の初《はつ》コラボ！　今西乃子《いまにしのりこ》先生《せんせい》の人気《にんき》シリーズの主人公《しゅじんこう》、未来《みらい》ときららの出会《であ》いから、性格《せいかく》のちがう二匹《にひき》が仲良《なかよ》しになるまで。

ねだんのつかない子《こ》犬《いぬ》　きららのいのち

初《はじ》めて動物病院《どうぶつびょういん》に行《い》った捨《す》て犬《いぬ》・きらら。先生《せんせい》が「柴犬《しばいぬ》？」ときくと、飼《か》い主《ぬし》は「ミックスです」ときっぱり。ミックス犬《けん》を通《つう》じて犬《いぬ》と人間《にんげん》の関係《かんけい》を描《えが》きます。